I0776630

Trauerbewältigung

Abschied nehmen –

Verlust und Trauer verarbeiten

Inhaltsverzeichnis

Einleitung 1

Kapitel 1: Wenn ein geliebter Mensch stirbt 2

Die notwendigen Schritte 2

Die Trauerfeier 4

Kapitel 2: Trauerphasen 7

Wenn Kinder trauern...9

Kapitel 3: Umgang mit Verlust und Trauer 11

Kapitel 4: Wege, um zu gedenken 20

Kapitel 5: Der Blick nach vorn.............................26

Kapitel 6: Wenn die Trauer bleibt.........................32

Kapitel 7: Trauernde begleiten.............................34

Schlusswort 38

Nachricht an den Leser 39

Quellen 40

Impressum 42

Einleitung

Der Tod ist kein schönes Thema. Er ist ein Thema, das die meisten Menschen gerne ausblenden und vergessen würden. Doch früher oder später kommt jeder von uns mit ihm in Berührung. Bei einem Todesfall in der Familie oder im Freundeskreis, scheint die Zeit still zu stehen und das Leben, wie man es bisher gekannt hat, ist plötzlich nicht mehr. Eine überwältigende Trauer, eine tiefe Verzweiflung, eine Hoffnungslosigkeit und Leere macht sich breit. In diesem Buch erfahren Sie mehr über die einzelnen Trauerphasen, den Umgang mit einem schweren Verlust und über unterschiedliche Wege, den Verstorbenen zu gedenken. Außerdem finden Sie einige Hinweise zu den ersten Schritten, die es in einem Todesfall zu bewältigen gilt. Am Ende des Buches erfahren Sie darüber hinaus, wie Sie einem trauernden Menschen beistehen und Trost spenden können.

Kapitel 1: Wenn ein geliebter Mensch stirbt

"Nichts ist gewisser als der Tod, nichts ist ungewisser als seine Stunde."

- Anselm von Canterbury

Der Tod eines geliebten Menschen trifft die Hinterbliebenen stets. Wirklich vorbereitet ist niemand auf einen solchen Verlust und selbst, wenn der Tod nicht plötzlich kommt, sondern einer langen Zeit der Krankheit folgt, verlieren viele Angehörige den Boden unter den Füßen und haben große Schwierigkeiten, ihre Trauer zu bewältigen und selbst zurück ins Leben zu finden. Doch bevor eine Trauerbewältigung überhaupt möglich ist, sind in den Tagen nach einem Todesfall zunächst zahlreiche Dinge zu bedenken und in die Wege zu leiten.

Die notwendigen Schritte

Der Schock kurz nach einem (unerwarteten) Todesfall kann lähmend sein und doch ist es meist an den nächsten Angehörigen, sich um einige Notwendigkeiten zu kümmern. Viele berichten jedoch auch, dass ihnen gerade diese Geschäftigkeit durch die ersten Tage geholfen hat. Hier finden Sie eine Liste von Dingen, die es nun zu durchdenken, zu organisieren und zu entscheiden gilt:

- Ausstellung des Totenscheins durch den Arzt: Tritt der Todesfall Zuhause ein, so ist es üblich, den Hausarzt zu informieren, der dann den Totenschein ausstellen kann. Ist die Todesursache unklar, so sollte zudem die Polizei informiert werden. Verstirbt eine Person im Pflegeheim oder im Krankenhaus, leitet die Institution diesen Vorgang meist in die Wege.
- Beauftragung eines Bestattungsunternehmens: Hat der Verstorbene keinen eigenen Wunsch bezüglich des Unternehmens, das mit der Bestattung betraut werden soll, hinterlassen, so ist es nun an Ihnen, ein solches auszuwählen. In diese Überlegungen ist einzubeziehen, welche Art der Bestattung gewünscht ist, denn nicht jedes Unternehmen bietet beispielsweise eine Luft- oder Seebestattung an. Ein vertrauenswürdiges Bestattungsinstitut

wird Sie umfassend beraten, wird Ihnen Zeit gewähren, über verschiedene Entscheidungen nachzudenken und wird sich soweit möglich nach Ihren Wünschen, beziehungsweise den Wünschen des Verstorbenen, richten.

- Todesfall melden: Dies geschieht durch Vorlage des Totenscheins beim zuständigen Standesamt, wo Sie zeitgleich die Sterbeurkunde beantragen sollten. Liegt ein Testament vor, so ist dieses zeitnah beim Nachlassgericht einzureichen.
- Sonderurlaub beantragen: Nahen Angehörigen ist es möglich, bezahlten Sonderurlaub zu beantragen. Je nach Arbeitsverhältnis, individuellen Regelungen und Verständnis des Arbeitgebers, kann dieser auf bis zu zwei Wochen ausgedehnt werden.

Die Trauerfeier

Die Organisation der Trauerfeier übernimmt in der Regel der Bestatter. Natürlich können Sie Inhalte und Ablauf mitgestalten, sofern Sie sich dazu in der Lage fühlen. Viele Angehörige empfinden es als heilsam, ihre eigenen Ideen mit einzubringen und aktiv an der Gestaltung der Trauerfeier beteiligt zu sein. So können Sie beispielsweise Musik auswählen, die Sie mit dem Verstorbenen verbindet. Auch die Wahl des Blumenschmucks können Sie übernehmen, sowie das Aufstellen von Bildern des Verstorbenen und das Schalten einer Traueranzeige. Je mehr Sie selbst arrangieren, desto niedriger halten Sie die Kosten des Bestattungsinstituts. Je nach Art der Bestattung und Glaubensangehörigkeit des Verstorbenen, übernimmt die Trauerrede ein Geistlicher oder aber ein freier Trauerredner. Hier ist ein ausführliches Gespräch hilfreich, sodass Anekdoten zum und Erinnerungen an das Leben des Verstorbenen in die Rede eingeflochten werden können und diese so möglichst persönlich gestaltet werden kann. Ob Sie selbst ein paar Worte sagen möchten, steht Ihnen frei. Die Trauerfeier stellt für viele Angehörige eine Möglichkeit dar, Abschied zu nehmen. Nehmen Sie sich dafür alle Zeit, die Sie brauchen. Im Anschluss an die eigentliche Bestattung und die Beileidsbekundung ist es in vielen Gemeinden üblich, einen Leichenschmaus im kleinen Kreis abzuhalten. Dieses Beisammensein kann an einem solch schweren Tag sehr tröstlich für die Angehörigen sein.

Kapitel 2: Trauerphasen

"Alles hat seine Zeit. Es gibt eine Zeit der Freude, eine Zeit der Stille, eine Zeit des Schmerzes, eine Zeit der Trauer und eine Zeit der dankbaren Erinnerung."

- traditioneller Trauerspruch

Trauer ist ein sehr persönliches, privates Gefühl, mit dem jeder Mensch individuell umgeht. Generell können allerdings vier Phasen festgemacht werden, die die meisten Trauernden nach und nach durchlaufen.

1. Verleugnung: "Das kann nicht wahr sein." ist häufig die erste Reaktion von Hinterbliebenen, wenn sie vom Tod eines Angehörigen erfahren. Das Leugnen des Todes ist angesichts seiner unfassbaren Endgültigkeit ein Schutzmechanismus, der davor bewahrt, die Nerven zu verlieren und unter der Wucht der Erkenntnis zusammenzubrechen.

2. Gefühlsflut: In dieser Phase wird dem Trauernden der Verlust bewusst und die Gefühle brechen hervor - Trauer, Schmerz, Wut, Angst, Verzweiflung,

Hilflosigkeit. Außerdem stellt sich häufig die Frage nach dem Sinn. Welchen Sinn hat das Leben? Und welchen hat der Tod? Kann das Leben angesichts der Grausamkeit des Todes einen Sinn haben? Der Ansturm an Gefühlen ist oft überwältigend und es kann einige Zeit dauern, bis der Trauernde diese zuordnen und verstehen kann.

3. Neuorientierung: Der Schmerz lässt allmählich nach und der Trauernde lernt Schritt für Schritt, wieder Freude zu empfinden und am Leben teilzunehmen - auch wenn die Trauer um den Verstorbenen immer noch ein steter Begleiter ist.

4. Akzeptanz: Bis diese letzte Phase erreicht ist, können Monate oder sogar Jahre vergehen. Der Hinterbliebene hat den Tod des Verstorbenen akzeptiert und weiß, dass er damit umgehen und weiterleben kann. Ein vielleicht schwermütiges, aber dennoch dankbares und liebevolles Zurückdenken an den geliebten Verstorbenen ist nun möglich. Der Trauernde hat neuen Mut, sowie Vertrauen ins Leben gefasst und ist in der Lage, nach vorn zu schauen.

Wenn Kinder trauern

Wie sollen Kinder verstehen, was schon für Erwachsene unbegreiflich scheint? Vor allem sehr junge Kinder können mit dem Tod an sich kaum etwas anfangen. Manche stellen ihn sich als langen Schlaf vor, während andere an eine weite Reise denken und wieder andere noch überhaupt keine Vorstellung davon haben. Seine Endgültigkeit ist zu komplex, um von kleinen Kindern erfasst zu werden. So suchen diese häufig nach dem Verstorbenen, erwarten ihn an der Tür zu sehen, wenn es klingelt oder fragen immer wieder, wann er zurückkommt. Im Gegensatz zu Erwachsenen, denen der Verlust stets spürbar präsent ist, trauern junge Kinder in Schüben. Es kommt zu Phasen der tiefen Trauer, die dann aber, z.B. im Spiel, zeitweise fast "vergessen" zu sein scheint. Ältere Kinder können den Tod in Teilen begreifen. Hier ist das Auftreten von Schuldgefühlen nicht unüblich. Manche Kinder sind sich absolut sicher, dass sie eine Mitschuld am Tod des Verstorbenen tragen. Es ist sehr wichtig, in einer solchen Situation viel zu erklären - natürlich auf kindgerechte Weise. Oft versuchen Eltern und Verwandte,

Kinder zu schützen, indem sie sie von ihrer Trauer abschirmen. Wenn Kindern allerdings keine Informationen gegeben werden, so denken sich viele ihre eigene Version aus und es kann zu extremen, realitätsfernen Vorstellungen kommen, die weitaus belastender sein können, als die Wahrheit. Deshalb ist es ratsam, altersgerecht aufzuklären, um den Kindern zu ermöglichen, ihre Trauer und die gegenwärtige Traurigkeit in ihrem Umfeld zu verstehen und Abschied zu nehmen. Hier spielt Ehrlichkeit eine ganz entscheidende Rolle, denn Kinder stellen naturgemäß viele Fragen. Was ist, wenn Oma doch wieder wach wird? Ist sie jetzt im Himmel? Sehe ich sie irgendwann wieder? Kann sie mich jetzt sehen? Ist Oma traurig, dass sie tot ist? Vermisst sie uns? Geht es ihr jetzt gut? Es ist schwierig, hier passende Antworten zu finden. Es empfiehlt sich aber unbedingt, so nahe wie möglich an der Wahrheit zu bleiben, auch wenn diese manchmal lautet, dass Sie selbst die Antwort auch nicht kennen.

Kapitel 3: Umgang mit Verlust und Trauer

"Alles verändert sich mit dem, der neben einem ist oder neben einem fehlt."

- weltlicher Trauerspruch

Letztendlich muss jeder seinen eigenen Weg finden, mit dem Verlust und der tiefen Trauer umzugehen. Menschen, die diesen Weg hinter sich haben, berichten häufig, dass der Prozess vergleichbar mit dem Besteigen eines sehr steilen Berges ist. Von unten betrachtet wirkt dieser Berg unglaublich hoch, beinahe unbezwingbar. Und tatsächlich ist der Weg nach oben schmerzhaft, anstrengend, steinig und mit Rückschlägen gespickt. Doch irgendwann kommt die Kuppe in Sicht und man fängt an, daran zu glauben, dass man den Berg bezwingen kann - bis man dann tatsächlich oben steht, zurück nach unten blickt und zufrieden damit ist, es geschafft zu haben. In diesem Kapitel finden Sie einige Tipps, die Ihnen den Weg etwas leichter machen können.

- Gefühle zulassen und annehmen: Ist die Phase des Leugnens vorbei, folgt das Aufbrechen der Gefühle. Vorherrschend ist hier meist eine tiefe Trauer, begleitet von Verzweiflung, Hilflosigkeit und Wut auf die Welt, Gott, das Leben und den Tod. Diese Gefühle schmerzen und können unerträglich scheinen. Trotzdem ist es wichtig, sie zuzulassen und nicht zu versuchen, sie zurückzuhalten oder gar zu verdrängen. "Pain demands to be felt." - "Schmerz verlangt es, gespürt zu werden." heißt es im Film 'Das Schicksal ist ein mieser Verräter'. Nur wer seine Gefühle, selbst wenn sie noch so weh tun, zulässt, kann sie verarbeiten. Versuchen Sie Ihre Trauer als Teil der Verarbeitung Ihres schmerzlichen Verlusts zu akzeptieren und anzunehmen und machen Sie sich bewusst, dass Ihre Gefühle eine Daseinsberechtigung haben und es keinen Weg daran vorbei gibt - Sie müssen sie fühlen.

- Sprechen: Behalten Sie Ihren Kummer nicht für sich, sondern sprechen Sie darüber. Schon allein das Aussprechen der Gefühle und Gedanken kann dazu führen, dass Sie sich etwas besser fühlen. Natürlich ist es mit einem einzigen Gespräch meist nicht getan. Vielmehr sollten Sie regelmäßig, wann immer Sie das Bedürfnis danach verspüren, ein Gespräch suchen. An wen Sie sich wenden, liegt ganz bei Ihnen. Naheliegend sind Angehörige, die den selben Verlust erlitten haben und ebenfalls trauern, denn wie man so schön sagt, ist geteiltes Leid halbes Leid. Hilfreicher sind dagegen häufig Gespräche mit Freunden und Bekannten, die dem Verstorbenen weniger nahe standen als Sie, da diese die Situation mit etwas mehr Distanz betrachten und Ihnen Trost spenden können, ohne dabei von Ihrer eigenen Trauer überwältigt zu werden. Wenn Sie einer Glaubensgemeinschaft angehören, können Sie sich eventuell auch an diese wenden. Viele Menschen, die einen Verlust erlitten haben, finden darüber hinaus Trost in Selbsthilfegruppen für Hinterbliebene. Regelmäßige Gruppentreffen finden in vielen größeren Städten statt - informieren Sie sich online nach passenden Angeboten in Ihrer Nähe. Eine weitere Möglichkeit ist das Aufsuchen eines professionellen Trauerbegleiters. Diese Menschen sind dafür ausgebildet, Trauernden durch die schwere Zeit zu helfen, Trost zu spenden und Beistand zu leisten.

- Zeit allein verbringen: Falls Sie das Bedürfnis verspüren, sich zurückzuziehen, für eine Weile zu verkriechen und nur allein mit sich selbst zu sein, sollten Sie auch diesem Bedürfnis nachgeben. Denn obwohl der Austausch in Gesprächen wichtig ist, kann es auch notwendig sein, Zeit allein zu verbringen, um ganz in Ruhe und unbeobachtet trauern zu können. Nehmen Sie sich diesen Raum für sich. Achten Sie jedoch darauf, nach einigen Stunden bis maximal Tagen wieder aus Ihrer "Höhle" hervorzukommen und den Kontakt zu anderen Menschen zu suchen. Denn dauerhafter Rückzug und langes Alleinsein wird Ihnen den Weg zurück ins Leben erschweren.

- Schreiben: Wenn sich Gefühle und Gedanken überschlagen und Sie sich schwer tun, diese im Gespräch in Worte zu fassen, kann es helfen, sich eine ruhigen Ort zu suchen und sie niederzuschreiben. Bringen Sie alles zu Papier, was Sie beschäftigt und belastet, was Sie fühlen und denken und was Sie keinem anderen Menschen anvertrauen möchten. Schreiben Sie sich Ihren Schmerz von der Seele - Sie werden merken, dass das Niederschreiben eine große Erleichterung mit sich bringen und Ihnen helfen kann, Ihre eigenen Empfindungen zu verstehen.

- Hilfe annehmen: Sie befinden sich gerade in einer sehr belastenden Situation. Es ist daher ganz normal, dass Sie nicht in der Lage sind, alles allein zu meistern und dass manche Dinge auf der Strecke bleiben. Wenn Sie in Ihrem Umfeld Menschen haben, die Ihnen ihre Hilfe anbieten, dann scheuen Sie sich nicht, diese anzunehmen. Egal ob es um die Erledigung der Einkäufe, die Betreuung der Kinder oder um Organisatorisches rund um den Todesfall geht - es ist kein Zeichen von Schwäche, wenn Sie hier und da Unterstützung brauchen. Lassen Sie zu, dass die Menschen, denen Sie wichtig sind, Ihnen einen Teil der Last abnehmen und Ihnen helfen, durch diese schwere Zeit zu kommen.

- Für sich selbst sorgen: Auch wenn es schwer ist - versuchen Sie, sich selbst nicht zu vergessen und besonders jetzt die Selbstfürsorge groß zu schreiben. Ihnen mag es im Moment nicht wichtig erscheinen, sich um sich selbst zu kümmern und Sie fragen sich vielleicht, was für einen Sinn das in einer solch trostlosen Zeit überhaupt haben soll. Doch an oberster Stelle steht, dass Sie sich selbst nicht aufgeben. Sorgen Sie dafür, dass Sie ausreichend Essen, auch wenn Ihnen nicht danach ist. Achten Sie darauf, regelmäßig zu Duschen, die Klamotten zu wechseln und hin und wieder an die frische Luft zu gehen. Und tun Sie sich häufig, am besten täglich, bewusst etwas Gutes. Machen Sie sich eine Tasse Tee, nehmen Sie ein warmes Bad, gönnen Sie sich ein Stück Ihrer Lieblingsschokolade, bestellen oder kochen Sie Ihr Leibgericht, hören Sie gute Musik oder schauen Sie sich einen Film an, den Sie gerne sehen. Sie werden all diese Dinge im Moment vielleicht nicht wirklich genießen können, doch es sind oft gerade diese kleinen Dinge, die unbewusst Großes bewirken. Und nach und nach kommt die Freude daran zurück.

- Für Ablenkung sorgen: Achten Sie darauf, nicht in Ihrer Trauer zu versinken. Nehmen Sie sich Zeit, um zu trauern, sorgen Sie aber auch dafür, dass Sie hin und wieder etwas anderes sehen und Ihre Gedanken für regelmäßige Zeitspannen so gut es geht von Ihrem Verlust abwenden. Besuchen Sie ein Museum, gehen Sie ins Theater, ins Kino oder in die Therme, arbeiten Sie im Garten oder Haushalt, machen Sie einen Ausflug ins Grüne oder lesen Sie - soweit Sie sich darauf konzentrieren können - ein spannendes Buch. Verbringen Sie auch Zeit mit Menschen, die selbst nicht von Ihrem Verlust betroffen sind, sodass dieser nicht ständig das Hauptthema ist. Finden Sie die für Sie persönlich richtige Balance zwischen Ablenkung von und Beschäftigung mit Ihrer Trauer.

- Abstand gewinnen: Vielen Trauernden tut es gut, nach einer gewissen Zeit etwas Abstand zu gewinnen. Eine gute Möglichkeit hierfür ist ein Ortswechsel. Fernab von all den Erinnerungen, die immer noch schmerzen, fällt es oft leichter, neuen Lebensmut zu finden. Sie könnten beispielsweise für eine Weile entfernt lebende Verwandte oder Freunde besuchen oder, wenn Sie sich dies zutrauen, auf eigene Faust verreisen. Eine tolle weitere Möglichkeit stellen sogenannte Trauerreisen dar. Diese werden mittlerweile von verschiedenen

Reiseunternehmen angeboten und es stehen unterschiedlichste Ziele zur Auswahl. Eine Reise gemeinsam mit anderen Trauernden zu begehen, kann sehr heilsam sein. Fast immer ist auch ein Trauerbegleiter, häufig sogar ein Psychologe, mit an Bord und die Trauerarbeit wird durch verschiedene Gespräche, gemeinsame Aktivitäten und Seminare unterstützt. Ausführliche Informationen zu Anbietern, Kosten und Reiseterminen finden Sie im Internet.

- Zeit lassen: Natürlich wäre es schön, wenn der Schmerz innerhalb weniger Wochen vergehen und das Leben weitergehen könnte. Doch die Verarbeitung eines schweren Verlusts geschieht nicht über Nacht - erwarten Sie also nicht von sich, schon nach kurzer Zeit wieder voll im Leben zu stehen. Akzeptieren Sie, dass es seine Zeit dauern wird, bis Sie von sich selbst behaupten können, dass Sie mit dem Verlust leben können. Haben Sie Geduld mit sich selbst und nehmen Sie sich die Zeit, die Sie persönlich brauchen.

- Veränderung akzeptieren: Erwarten Sie nicht, dass es jemals wieder genauso wird wie zuvor - denn das ist nicht möglich. Schließlich fehlt da ein Mensch, der zuvor immer da war und das lässt sich nicht ausgleichen. Das Ziel der Trauerbewältigung sollte es sein, dass Sie mit der neuen Situation - ohne die Person, die Sie verloren haben - zurecht kommen und wieder Freude am Leben haben. Machen Sie sich bewusst, dass es nicht möglich ist, zum "Vorher" zurückzukehren. Aber es ist möglich, ein lebenswertes "Nachher" zu schaffen.

Kapitel 4: Wege, um zu gedenken

"Nur wer vergessen wird, ist tot. Du wirst leben."

- Gedenkspruch

Es gibt viele verschiedene Wege und Möglichkeiten, einer verstorbenen Person zu gedenken. Im Folgenden finden Sie einige der beliebtesten und am weitesten verbreiteten, sowie auch eher neueren Methoden.

- Gottesdienste: Hat der Verstorbene einer Kirche angehört, so besteht die Möglichkeit öffentlicher Gedenkgottesdienste. Solche Gottesdienste laufen in der Regel nicht anders ab, als reguläre Messen. Zusätzlich wird der Verstorbene namentlich erwähnt und anschließend meist eine Minute des stillen Gedenkens in den normalen Ablauf eingeflochten. Des Weiteren ist es in vielen Kirchengemeinden möglich, als Angehöriger selbst durch die Auswahl eines Liedes, sowie durch das Verlesen eines kurzen Textes oder einer passenden Bibelstelle aktiv an der Gestaltung dieses Gottesdienstes mitzuwirken.

- Gedenkfeiern: In vielen Familienkreisen ist es üblich, jährlich am Geburts- oder Todestag eine kleine, private Feier zu Ehren des Verstorbenen abzuhalten. Dies bietet eine gute Gelegenheit, gemeinsam an schöne Zeiten zurückzudenken und Erinnerungen an den Verstorbenen auszutauschen.

- Grabstelle: Die Grabstelle ist für viele Hinterbliebene ein wichtiger Ort, den sie pflegen und regelmäßig aufsuchen. Dort können Blumen und persönliche Gegenstände abgelegt werden. Außerdem wählen viele diesen Ort, um ein Gebet für den Verstorbenen zu sprechen oder im Stillen das Wort direkt an diesen zu richten.

- Kerzen: Ob in einer Kirche oder Zuhause - eine Kerze für den Verstorbenen anzuzünden und bewusst an ihn zu denken hat eine lange Tradition. Das Licht steht für Hoffnung und kann die Dunkelheit nicht nur symbolisch für eine Weile erhellen.

- Fotos: Schöne Fotografien, die den Verstorbenen allein, gemeinsam mit Ihnen selbst oder der ganzen Familie zeigen, bieten sich an, um Zuhause ein kleines Denkmal zu schaffen.

- Erinnerungsbuch: Eine etwas aufwändigere, aber dafür umso schönere Idee ist es, ein Erinnerungsbuch zu gestalten. Dies können Sie allein oder gemeinsam mit Verwandten und Freunden des Verstorbenen tun. Füllen Sie das Buch mit Anekdoten, Fotos und Erinnerungen - so schaffen Sie ein einzigartiges Andenken, in das Sie jederzeit einen Blick werfen können.

- Besondere Orte: Gibt es einen Ort, an dem Sie viele schöne Stunden mit dem Verstorbenen verbracht haben? Oder einen Ort, der Sie ganz besonders mit ihm verbindet? Dann ist dies vielleicht ein Ort, an dem Sie sich dem Menschen, den Sie gehen lassen mussten, nahe fühlen können.

- Briefe: Manche Hinterbliebene finden viel Trost darin, Briefe an den Verstorbenen zu schreiben, die sie anschließend zur Grabstelle bringen, Zuhause in einer Schachtel oder unter dem Kopfkissen aufbewahren oder symbolisch im Garten vergraben. Dies kann vor allem heilsam sein, wenn Sie das Gefühl haben, dass zwischen ihnen beiden vieles unausgesprochen geblieben ist oder es etwas gibt, das Sie dem Verstorbenen gerne noch (einmal) gesagt hätten. Sie können dem Verstorbenen auf diese Weise auch von Ereignissen und Veränderungen in Ihrem Leben berichten, die dieser leider nicht mehr miterleben konnte.

- Persönliche Gegenstände: Vielleicht möchten Sie das Ein oder Andere aus den Hinterlassenschaften des Verstorbenen aufbewahren. Besonders eignen sich Schmuck- oder Kleidungsstücke, die dieser häufig getragen hat und die Sie daher besonders an ihn erinnern. In der ersten Zeit nach dem Todesfall kann beispielsweise ein Pullover, der noch nach dem Verstorbenen riecht sehr tröstlich sein.

- Tattoo: Eine Methode, die mittlerweile schon fast nicht mehr zu den "neuen" gehört, ist das Stechenlassen eines Tattoos, das einen an den Verstorbenen erinnern soll. Sollten Sie sich für diese Art des Andenkens entscheiden, nehmen Sie sich Zeit und überlegen Sie genau, welches Motiv Sie wählen möchten. Gibt es z.B. eine Blume, ein Tier, ein Zitat oder ein Motto, das Sie mit dem Verstorbenen verbinden? Möchten Sie den Namen oder das Geburts- / Todesdatum mit einarbeiten? Der Tätowierer Ihres Vertrauens kann Sie hierzu beraten.

- Totenmaske: Einer uralten Vorgehensweise folgend, besteht heutzutage wieder die Möglichkeit, eine sogenannte "Totenmaske" anfertigen zu lassen. Dabei wird im Bestattungsinstitut im Beisein der Angehörigen ein Abdruck des Gesichts des Verstorbenen aus Gips und Silikon gegossen. So entsteht in detailgetreuer Handarbeit ein würdevolles Andenken, das den Verstorbenen wie zu Lebzeiten zeigt.

- Fingerabdruck: Schmuckstücke, in die der Fingerabdruck des Verstorbenen eingearbeitet wird, stellen ein modernes, sehr persönliches Andenken dar. Verschiedene Anbieter stellen unterschiedliche Arten und Stilrichtungen her.

Auf welche Weise Sie dem Menschen, den Sie verloren haben, gedenken möchten, liegt ganz bei Ihnen. Probieren Sie ruhig auch Verschiedenes aus - denn das Gedenken kann unglaublich gut tun, wenn Sie einen Weg dafür gefunden haben, mit dem Sie sich wohl fühlen.

Kapitel 5: Der Blick nach vorn

"Was die Raupe 'Ende der Welt' nennt, nennt der Rest der Welt Schmetterling."

- Laotse

Wenn Sie Ihre Gefühle zulassen, sich damit auseinandersetzen und lernen, den erlittenen Verlust zu akzeptieren, werden Sie irgendwann bereit sein, den Blick nach vorn zu richten. Dies bedeutet nicht, dass die Trauer oder gar der Verstorbene vergessen wird - es bedeutet lediglich, dass Sie fähig sind, mit Ihrem Verlust umzugehen und weiterzuleben. In diesem Kapitel finden Sie Anregungen und Tipps, die Ihnen helfen können, Schritt für Schritt in die Zukunft zu gehen.

- Es *darf* weitergehen: Viele Menschen, die einen nahen Angehörigen verloren haben, haben - bewusst oder unbewusst - das Gefühl, diesen in einer Weise zu verraten oder aufzugeben, wenn sie die Trauer nicht mehr so intensiv spüren und es wagen, nach vorn zu schauen. Machen Sie sich bewusst, dass diese

Gefühle die Realität nicht wiederspiegeln. Stellen Sie sich dafür einmal vor, wie es wäre, wenn Sie selbst anstelle des Verstorbenen gestorben wären. Würden Sie wollen, dass dieser sein restliches Leben in tiefer Trauer um Sie verbringt? Oder würden Sie hoffen, dass er neuen Halt im Leben findet und den Mut und die Kraft hat, ohne Sie weiterzugehen und wieder Freude am Leben zu gewinnen? Dass Sie Ihr Leben weitergestalten und die Trauer irgendwann zweitrangig wird, bedeutet nicht, dass Sie den Verstorbenen nicht mehr vermissen oder gar vergessen. Sie werden sich immer erinnern, doch Sie tun weder dem Menschen, den Sie verloren haben noch sich selbst einen Gefallen, wenn Sie den Schmerz festhalten und sich an die Trauer klammern, als wäre sie die letzte Verbindung, die Sie noch zum Verstorbenen haben. Die Verbindung zwischen ihnen beiden ist nicht die Trauer, sondern die Liebe, die gemeinsam verbrachte Zeit und die Erinnerung. Es *darf* nicht nur weitergehen, es *muss* weitergehen.

- Am Leben teilnehmen: In der Zeit nach dem Todesfall hat Ihr Verlust alles andere überschattet und es ist völlig normal, wenn Ihnen eine Zeit lang alles andere vergleichsweise belanglos, unwichtig und schlicht sinnlos erschienen ist. Nun ist es an der Zeit, das alltägliche Leben mit all seinen kleinen Tücken und Freuden wieder aufzunehmen. Schaffen Sie sich eine Routine, die Ihnen Halt gibt und an der Sie sich an Tagen, an denen Sie der erlittene Verlust wieder einzuholen droht, entlang hangeln können. Eine feste Tagesstruktur, in die Sie auch gerne Gedenkzeiten o.Ä. einbauen können, falls Ihnen dies gut tut, wird Ihnen helfen, wieder Fuß zu fassen.

- Pläne machen: In die Zukunft zu blicken bedeutet, Pläne zu machen. Während Sie sich in den letzten Wochen oder Monaten vielleicht nur darauf konzentrieren konnten, stets einen Tag nach dem anderen irgendwie zu überstehen, sind Sie jetzt bereit, wieder weiterzudenken und vorauszuplanen. Das erfordert Mut und fühlt sich anfangs oft seltsam oder gar falsch oder gefährlich an - doch es ist einer der wichtigsten Schritte, die Sie auf dem Weg zurück ins Leben gehen müssen. Trauen Sie sich, Pläne für die Zukunft zu schmieden. Diese können zu Beginn noch recht kurzfristig sein und sich auf kleine Dinge beschränken - planen Sie das Essen für morgen, einen Kinobesuch in der nächsten Woche, das Geburtstagsgeschenk für einen Freund im nächsten Monat und irgendwann finden Sie sich selbst dabei wieder, wie Sie mutig und vielleicht sogar schon mit freudiger Erwartung den nächsten Sommerurlaub planen.

- Altes wiederaufnehmen: Sicherlich gibt es Tätigkeiten und Interessen, die Sie nach dem Todesfall aufgegeben haben - entweder, weil Sie diese bisher stets mit dem Verstorbenen ausgeübt und verfolgt haben, oder weil Sie Ihnen plötzlich keine Freude mehr bereitet haben. Überlegen Sie sich, welche davon Sie gerne wieder in Ihr Leben integrieren möchten und welche Sie mit der Vergangenheit ruhen lassen möchten. Das Zurückkehren zu gewohnten Aktivitäten, von denen Sie wissen, dass Sie Ihnen früher einmal Freude bereitet haben, kann Ihnen viel Sicherheit geben. Trotzdem ist es natürlich auch in Ordnung, wenn Sie Manches zu sehr mit dem

Verstorbenen verknüpfen, um es nun alleine weiterführen zu wollen - die Entscheidung liegt ganz bei Ihnen.

- Neues ausprobieren: Viele Hinterbliebene empfinden es als sehr heilsam und aufmunternd, neue Dinge auszuprobieren, die Sie bisher vielleicht noch gar nie in Betracht gezogen haben. Eine neue Beschäftigung kann unglaublich viel Motivation und Energie mit sich bringen. Gibt es etwas, das Sie gerne einmal tun würden? Etwas, von dem Sie denken, dass Sie gut darin wären oder Freude daran hätten? Oder etwas, womit Sie sich einbringen und anderen etwas Gutes tun könnten? Egal ob Sie einer gemeinnützigen Organisation beitreten, sich einer Sportgruppe anschließen, sich ein Haustier anschaffen, eine neue Sprache lernen oder beispielsweise das Töpfern, Malen oder Backen für sich entdecken - Hobbys, die Sie mit Leidenschaft betreiben, werden Ihr Leben ungemein bereichern und durch neue Erfahrungen, die Sie machen und neue Herausforderungen, die Sie meistern, stärken Sie Ihr Vertrauen in sich.

- "Schlechte" Tage akzeptieren: Auch wenn es langsam wieder bergauf geht und Ihnen Vieles schon wieder leichter fällt, wird es wahrscheinlich immer noch Tage geben, an denen der Verlust sehr präsent ist, die Gefühle Sie einholen und sich alles wieder ganz "frisch" anfühlt. Solche Momente und Tage sind vollkommen normal. Sie sind keine "Rückschritte", sondern auf natürliche Weise vorhanden. Im Laufe der Zeit werden Sie feststellen, dass die Abstände zwischen diesen Phasen der wiederaufbrechenden Trauer länger und das zeitliche und gefühlte Ausmaß geringer werden wird.

- An sich glauben: Nachdem Sie sich eine Zeit lang hilflos und verloren gefühlt haben, ist es extrem wichtig, dass Sie wieder lernen, an sich und das Leben zu glauben. Haben Sie Vertrauen in sich und darin, dass Sie genug Mut und Kraft besitzen, zurück ins Leben zu finden. Sie werden Ihren Weg gehen und das Leben in Angriff nehmen. Und mit jedem Schritt, den Sie machen, wird Ihr Selbstvertrauen und Ihr Lebensmut wachsen - Sie schaffen das!

Kapitel 6: Wenn die Trauer bleibt

"Die Depression ist das Totenreich der Lebendigen."

- Thomas S. Lutter

Bei den meisten Menschen geht es selbst nach einem schweren Verlust früher oder später, mit bewusster Trauerarbeit und Geduld, wieder aufwärts. Dennoch ist das nicht immer der Fall und manche Menschen scheinen zu sehr in Ihrer Trauer gefangen zu sein, um sich nach und nach davon loszulösen. Oft ist es schwierig, hier zu entscheiden, was noch zur natürlichen Trauerphase gehört und was bereits eine Depression darstellt. Wenn Sie das Gefühl haben, dass Ihre Trauer nicht vergeht, dass Ihnen die Freude am Leben komplett verloren gegangen ist und dass Sie in Ihrer Trauer "feststecken", sollten Sie in Betracht ziehen, professionelle Hilfe aufzusuchen. Weitere Anzeichen einer Depression sind unter Anderem Antriebslosigkeit, Interessenverlust, Gedankenkreisen und überwiegend pessimistische Gedanken, Selbstzweifel und Selbstvorwürfe, innere Unruhe, Appetitlosigkeit und Schlafstörungen.

Beobachten Sie sich selbst genau und fragen Sie, wenn möglich, Menschen aus Ihrem nahen Umfeld, wie diese Sie erleben. Nicht unüblich ist auch das Aufkeimen suizidaler Gedanken und Hinterbliebene entwickeln manchmal den Wunsch, dem Verstorbenen in den Tod zu "folgen" und dem anhaltenden Schmerz somit ein Ende zu bereiten - sollten Sie solche Gedanken hegen, wenden Sie sich bitte unbedingt an Ihren Hausarzt, der Sie dann an einen Psychiater überweisen wird. Auch wenn es für Sie im Moment nicht so scheint - es *wird* eine Zukunft für Sie geben und diese *wird* lebenswert sein. Allerdings werden Sie Hilfe brauchen, um dies selbst wieder erkennen zu können. Eine Depression ist eine ernstzunehmende Krankheit, die aber therapeutisch und medikamentös individuell behandelt werden kann und bei der die Prognosen mittlerweile sehr gut stehen. Geben Sie sich und Ihrem Leben eine Chance.

Kapitel 7: Trauernde begleiten

"In den schweren Stunden besteht Trost oft nur darin, voll Liebe zu schweigen und schweigend mitzuleiden."

- Beileidsspruch

Der Umgang mit trauernden Menschen fällt oft schwer - viele sind sich unsicher, was sie sagen oder tun können, um dem Betroffenen zu helfen. Dabei geht es gar nicht wirklich ums "Helfen" - denn nichts, was Sie als nahestehende Person eines Trauernden tun, kann diesem den Schmerz nehmen oder die Trauerarbeit beschleunigen. Vielmehr geht es ums Dasein, Beistehen und Unterstützen. Folgende Dinge sollten Sie dabei beachten:

- Stellen Sie die Daseinsberechtigung der Trauer nicht in Frage und schmälern Sie deren Umfang nicht. Sätze wie "Es hätte schlimmer kommen können" oder "Aber jetzt ist es doch schon zwei Monate her", geben dem Trauernden das Gefühl, dass er sich lediglich "zusammenreißen" müsste und dass er in seiner Trauer nicht ernstgenommen wird. Seinen Sie sich

bewusst, dass Sie *Mitgefühl* haben
können, aber nicht *nachfühlen*
können, wie es dem Trauernden geht
und wie sehr dieser unter dem Verlust
leidet. Es spielt keine Rolle, wie Sie
mit dem Verlust umgehen würden
oder wie gut oder schlecht Sie
glauben, diesen ertragen zu können -
es geht um die Empfindungen des
Trauernden.

- Vermeiden Sie deshalb auch
  (gutgemeinte) Ratschläge. "Das wird
  schon wieder, du musst jetzt nur..."
  oder "Kopf hoch, das Leben geht
  weiter" dienen meist mehr dazu, sich
  selbst vor der Trauer zu schützen, als
  dass Sie dem Trauernden in
  irgendeiner Weise Trost spenden.
- Wichtig ist dagegen, dass Sie dem
  Trauernden zur Seite stehen. Seien
  Sie da, auch wenn Sie nur stumm
  Beistand leisten. Eine tröstende
  Umarmung oder ein gereichtes
  Taschentuch können schon viel
  bedeuten.
- Bieten Sie an, über den Verlust zu
  sprechen und meiden Sie das Thema
  nicht. Es ist verständlich, wenn Sie
  sich etwas unwohl dabei fühlen -
  schließlich ist es nicht einfach,
  jemanden leiden zu sehen, der einem

wichtig ist. Doch ein Gesprächspartner, bei dem weder Gedanken und Gefühle, noch die Tränen zurückgehalten werden müssen, ist für den Trauernden eine wichtige Unterstützung.

- Seien Sie achtsam in Bezug auf die Entwicklung einer Depression und scheuen Sie sich nicht, den Trauernden darauf anzusprechen, wenn Sie vermuten, dass sein anhaltender Zustand über eine normale Trauerreaktion hinausgeht. Wichtig ist hierbei, dass Sie verständnisvoll und mit Feingefühl vorgehen, damit die Vermutung nicht als Vorwurf aufgefasst wird.
- Achten Sie trotz Allem auf sich selbst und erlauben Sie sich, Abstand vom Gefühl der tiefen Trauer zu halten. Es ist normal, dass Sie auch traurig sind, wenn Sie den Schmerz und das Leid einer Ihnen nahestehenden Person miterleben. Doch es hilft weder dieser Person, noch Ihnen selbst weiter, wenn Sie sich darin verlieren. Versuchen Sie eine gesunde Balance zwischen Mitgefühl und emotionaler Distanz zu finden.
- Haben Sie Geduld. Der Trauerprozess kann je nach Person

unterschiedlich viel Zeit in Anspruch nehmen und diese sollten Sie dem Trauernden auch lassen. Erinnern Sie sich immer wieder: Sie können unterstützen, trösten und begleiten - aber Sie können den Prozess weder beschleunigen, noch können Sie ihn dem Trauernden abnehmen.

Schlusswort

Hoffentlich konnten Sie mit Hilfe dieses Buches mehr über den Umgang mit Trauer und Verlust erfahren. Ich möchte Ihnen, als Trauernde, mein herzliches Beileid aussprechen und wünsche Ihnen von Herzen viel Kraft, Stärke und Mut für die kommende Zeit.

Quellen

https://www.bestattungen.de/ratgeber/trauerhilfe.html

https://www.trauer.de/trauer-und-trost/trauersprueche/trauersprueche-von-dichtern-und-denkern

https://www.trauer.de/trauer-und-trost/trauersprueche/traditionelle-trauersprueche

https://www.trauer.de/trauer-und-trost/im-todesfall

https://www.trauer.de/trauer-und-trost/im-todesfall/die-ersten-schritte-im-todesfall

https://www.trauer.de/trauer-und-trost/im-todesfall/der-totenschein

https://www.familie-und-tipps.de/Familienleben/Trauerbewaeltigung.html

http://www.br.de/themen/ratgeber/inhalt/familie/wie-kinder-trauern100.html

http://www.kindertrauer.info/Kindertrauer/Kindertrauer.html

http://www.gesundheit-und-
wohlbefinden.net/trauer-und-verlust-wie-mit-
dem-verlustschmerz-umgehen/

https://www.psychotipps.com/Trauerbewaelti
gung.html

https://www.feierabend.de/Trauer/Trauerbew
aeltigung-vom-Umgang-mit-Verlust-
55531.htm

http://www.leben-ohne-dich.de/

http://www.kinder-in-trauer.de/

https://www.trauerspruch.de/trauersprueche

https://www.trauerdruckportal.de/de/242/Trau
ersprueche_modern/

http://www.trauerreise.com/

https://www.aphorismen.de/

http://www.gute-
trauer.de/inhalt/trauer/trauer_depression

http://www.psychosoziale-
gesundheit.net/seele/trauer.html

Impressum

Text: Copyright © 2017 by Sophia Thiemann

Impressum und Verlag Sophia Thiemann

c/o Papyrus Autoren-Club, R.O.M. Logicware GmbH Pettenkoferstr. 16-18, 10247 Berlin

Alle Rechte vorbehalten.

Nachdruck oder Kopieren, auch auszugsweise, ist ohne Erlaubnis des Autors nicht gestattet.

Foto: ©

Chones/ https://stock.adobe.com/de/stock-photo/escaping-from-the-cage/116364014

Wichtiger Hinweis:

Die in diesem Buch enthaltenen Informationen dienen ausschließlich informativen Zwecken und dürfen unter keinen Umständen als Ersatz für eine professionelle Beratung oder Behandlung durch ausgebildete und anerkannte Ärzte angesehen werden. Diese beinhalten keinerlei Empfehlungen bezüglich bestimmter Diagnose- oder Therapieverfahren. Die Inhalte dürfen niemals als eine Aufforderung zur Selbstbehandlung oder als Grundlage für Selbstdiagnosen und -medikation verstanden werden. Die Informationen spiegeln lediglich die Meinung des Autors wieder. Der Autor übernimmt für die Art oder Richtigkeit der Inhalte keine Garantie, weder ausdrücklich noch impliziert.

Sollten Inhalte des Buches gegen geltendes Recht verstoßen, dann bittet der Autor um umgehende Benachrichtigung. Die betreffenden Inhalte werden dann umgehend entfernt oder geändert.

Haftung für Links

Das Buch enthält Links zu externen Webseiten Dritter, auf deren Inhalte wir keinen Einfluss haben. Deshalb können wir für diese fremden Inhalte keine Gewähr übernehmen. Für die Inhalte der verlinkten Seiten ist stets der jeweilige Anbieter oder Betreiber der Seiten verantwortlich. Die verlinkten Seiten wurden zum Zeitpunkt der Verlinkung auf mögliche Rechtsverstöße überprüft. Rechtswidrige Inhalte waren zum Zeitpunkt der Verlinkung nicht erkennbar. Eine permanente inhaltliche Kontrolle der verlinkten Seiten ist jedoch ohne konkrete Anhaltspunkte einer Rechtsverletzung nicht zumutbar. Bei Bekanntwerden von Rechtsverletzungen werden wir derartige Links umgehend entfernen.